insel taschenbuch 4465
Nicola Bayley
Wovon Katzen träumen

Nicola Bayley

Wovon Katzen träumen

Aus dem Englischen von
Friederun Meyer-Jürshof

Insel Verlag

Erste Auflage 2016
insel taschenbuch 4465
Originalausgabe
© dieser Ausgabe Insel Verlag Berlin 2016
Copyright © 1984 Nicola Bayley
Published by arrangement with Walker Books Limited,
London SE11 5HJ.
Vertrieb durch den Suhrkamp Taschenbuch Verlag
Umschlag: Anke Rosenlöcher, Berlin
Umschlagabbildung: Nicola Bayley, London
Druck: CPI – Ebner & Spiegel, Ulm
Printed in Germany
ISBN 978-3-458-36165-7

Inhalt

Die Katze und der Papagei   *7*

Die Katze und der Elefant   *25*

Die Katze und der Krebs   *43*

Die Katze und die Spinne   *61*

Die Katze und der Eisbär   *79*

Die Katze
und der Papagei

Wenn ich nun ein Papagei wäre
und keine Katze ...
Ja, was dann?

Dann lebe ich im Dschungel
wie die wilden Tiere.

Ich fliege
von Baum zu Baum.

Ich habe kunterbunte
Federn an.

Im Baum hab' ich
mein Nest.

Ich krächze
und kreische.

Wenn aber eine Schlange
kommt, eine lange ...
Ja, was dann?

Dann mach' ich einen
Katzensprung nach Haus.
Der Traum ist aus.

Die Katze
und der Elefant

Wenn ich nun ein Elefant wäre
und keine Katze ...
Ja, was dann?

Dann gehöre ich
zu all den anderen
Elefanten.

Mit Elefantenkräften
stemme ich die schweren
Bäume.

Sonntags trage ich
den allerfeinsten Sitz.

Und wie die anderen hab'
ich riesengroße Ohren.

Mit dem Rüssel kann ich
trompetern und zetern.

Wenn aber alle
zum Wasser gehen ...
Ja, was dann?

Dann mach' ich einen
Katzensprung nach Haus.
Der Traum ist aus.

Die Katze
und der Krebs

Wenn ich nun ein Krebs wäre
und keine Katze ...
Ja, was dann?

Dann sitz' ich am Teich.
(Doch niemals darin!)

Ich laufe seitwärts
durch den Sand.

Wenn ich hungrig werde,
hol' ich mir
die frischen Fische.

Ich mache einen Mittagsschlaf
im Muschelhaus.

Kinder werde ich
zwicken und zwacken.

Kommt aber die große
Welle heran ...
Ja, was dann?

Dann mach' ich einen
Katzensprung nach Haus.
Der Traum ist aus.

Die Katze
und die Spinne

Wenn ich nun eine Spinne wäre
und keine Katze ...
Ja, was dann?

Dann suche ich mir
den sonnigsten Winkel
im Garten aus.

Ich mach' mir ein Netz
für die Fliegen.

Und wenn sie mir
ins Netz gegangen sind,
verspeise ich sie.

Der Wind
muss mich schaukeln.

Überall sehe ich
Tautropfen blinken.

Wenn aber plötzlich
der Regen prasselt …
Ja, was dann?

Dann mach' ich einen
Katzensprung nach Haus.
Der Traum ist aus.

Die Katze
und der Eisbär

Wenn ich nun ein Eisbär wäre
und keine Katze ...
Ja, was dann?

Dann rutsch' ich
die Eisberge hinunter.

Und im Schnee
bin ich weiß.

Ich springe von einer
Eisscholle zur anderen.

Nachts sehe ich mir
den wunderbaren Himmel an.

Am Tag fange ich mir
feine Fische.

Doch wenn mir kalt wird
und die Pfoten werden nass …
Ja, was dann?

Dann mach' ich einen
Katzensprung nach Haus.
Der Traum ist aus.

Der vorliegende Band vereint die fünf Bilderbücher von Nicola Bayley (*Die Katze und der Papagei, Die Katze und der Elefant, Die Katze und der Krebs, Die Katze und die Spinne, Die Katze und der Eisbär*), die 1984 in Einzelausgaben im Insel Verlag Frankfurt am Main erschienen sind.

Die englischen Originalausgaben sind 1984 als Reihe unter dem Titel *Copycats* (*Parrot Cat, Elephant Cat, Crab Cat, Spider Cat, Polar Bear Cat*) bei Walker Books Ltd, London erschienen.